VUE

Guide étape par étape de la maîtrise de Vue.js du niveau débutant au niveau avancé

TABLE OF CONTENTS

Ce qu'il faut savoir avant d'apprendre Vue JS

Avant de commencer Vue JS. Vous avez besoin des éléments suivants :

- Connaissances basiques en JavaScript :
    - Conditions.
    - Classes.
    - Techniques importantes JavaScript.
    - Experience Web API's (plus d'information ici).
    - Tableaux
        - Méthodes
    - Chaînes de caractère
        - Méthodes
    - Expressions usuelles (non important)

Si vous connaissez ces éléments et que vous savez comment utiliser ces fonctions JavaScript, alors vous pouvez continuer.

Introduction

Ce guide concerne Vue JS, un guide rédigé pour le tutorial Vue JS. VUE JS est basé sur JavaScript comme React JS. Laissez-moi vous dire ce qu'est JavaScript : JavaScript est un site sur le langage de programmation et a été créé par Brendan Eich, co-fondateur du projet Mozilla. Avec HTML et CSS, JavaScript est au cœur du World Wide Web.

Ce guide montre des exemples d'utilisations et de questionnaires Vue JS, du basique au plus complexe.

Chapitre 1

Introduction Vue JS

Vue JS se prononce « **view** ». Vue JS est un framework progressif de construction d'interfaces pour les utilisateurs. Vue JS est un petit framework, accessible et polyvalent. Si vous connaissez HTML, CSS et JavaScript alors vous êtes prêt à développer les applications Vue JS en peu de temps. Vue JS est un framework très simple qui peut être intégré dans n'importe quel application web. Vue JS est très petit et léger, Vue JS pèse 20 Ko min+gzippé ; il s'agit d'un framework dont l'exécution des transferts est rapide.

L'intégralité de la bibliothèque est uniquement basée sur view et très facile à utiliser avec un autre framework ou intégré à un framework existant. D'un autre côté, Vue JS est parfait pour construire des applications monopages (« *Single Page Applications* »).

Comparons avec d'autres frameworks, comme angular ou React. Parlons de React JS. ReactJS et Vue JS offrent les mêmes caractéristiques :

Utilisent virtuel DOM.

Fournissent des *components* view reactifs et composables.

Maintiennent une attention sur le cœur de la bibliothèque avec des préoccupations telles que le routing et la gestion de l'état global dont s'occupent les bibliothèques associées (*companion libraries*).

Performance

React et Vue offrent une exécution similaire dans la plupart des cas d'exploitation habituellement observés, avec Vue plus souvent qu'autrement légèrement en avance à cause de son léger poids d'exploitation Virtual DOM.

Dans le cas où vous avez un intérêt marqué pour les chiffres, vous pouvez porter votre attention sur la référence marginale qui se concentre sur le *crude rendering*/la *refreshing execution*. Il convient de noter que cela ne prend pas en compte les parties complexes, devriant ainsi être considéré comme une source de perspective en opposition à une décision.

OK, on parle de React, maintenant allons plus loin pour comparer avec angular.

Certaines ponctuations de Vue vont fondamentalement ressembler à AngularJS (par exemple v-if contre ng-if). Pour ce qui concerne le compte, AgularJS allait dans le bon sens, ce qui encouragea Vue dès le départ à s'améliorer. AngularJS est dans tous les cas beaucoup « tourmenté » là où Vue s'est efforcée de proposer un changement notable.

Qui utilise VueJS?

Ci-après une liste des sites internet qui utilisent VueJS :

http://www.laravel.com

http://www.laracasts.com

http://www.gitlab.com

http://www.vuejs.org

http://www.nu.nl

http://www.oschina.net

http://www.wapgee.com

Dans ce guide, nous comprendront le fonctionnement de VueJS depuis le niveau débutant jusqu'à un niveau avancé. Ce guide est écrit pour ceux qui souhaitent apprendre VueJS. Ces derniers sont au bon endroit. Voici les sources en ligne via lesquelles vous pouvez apprendre VueJS :

http://www.vuejs.org

http://www.laracasts.com

http://www.stackoverflow.com

http://wapgee.com/stories/education/programming/vue.js

Chapitre 2

Installation et fondamentaux de VueJS

Avant de commencer avec un framework, nous devons savoir comment l'installer. Toutes les bibliothèques JavaScript doivent être installées dans notre application. VueJS est une bibliothèque facile à comprendre.

Dans ce chapitre, nous allons apprendre les éléments suivants :

Comment installer VueJS

Utilisation de CDN

Exemple « Hello World »

Fondamentaux de Vue JS

Et quelques « trucs » de VueJS

Alors commençons.

Installation (utilisation de CDN)

Pour installer VueJS en utilisant CDN, nous allons [word missing] un CDN flexible et rapide pour importer VueJS dans notre application. Le plus facile pour installer VueJS est d'utiliser un CDN, vous pouvez importer VueJS :

To install Vue JS using CDN, we will a fast and flexible CDN to import Vue JS in our application. The easiest to install Vue JS is by using a CDN, you can import Vue JS by:

```
<script src="https://unpkg.com/vue"></script>
```

Maintenant, nous avons installé VueJS sur notre application. Pour commencer, il n'est pas recommandé de commencer avec vue-cli. Pour commencer avec vue-cli vous devez être familiarisé avec Node JS. En utlisant le lien ci-dessous, vous pouvez facilement installer VueJS sur votre système. Il s'agit de l'une des manières les plus faciles pour installer VueJS.

Exemple « Hello World »

Pour créer un exemple « *Hello World* », allons plus loin et créons un nouveau HTML et document Install VueJS. N'oubliez pas d'ajouter VueJS :

```
<html>
    <head>
```

```html
    <title>Vue JS Hello World</title>
  </head>
  <body>

  </body>
  <script src="https://unpkg.com/vue"></script>
</html>
```

Maintenant, nous avons ajouté VueJS à notre application. Allons maintenant plus loin en créant un élément :

```html
<div id="root" ></div>
```

Maintenant, continuons et créons un nouveau Vue Instance (exemple Vue) :

```html
<script src="https://unpkg.com/vue"></script>
<script type="text/javascript" >
  var App = new Vue({
    el: "#root",
    data: {
      message: "Hi",
    }
```

```
  });
</script>
```

Comme vous pouvez le voir, l'application Vue JS (Vue JS App) est jointe à l'id « *root* », vous pouvez également utiliser une catégorie pour la propriété. Maintenant modifiez le message pour « *Hello World !* »

```
var App = new Vue({
   el: "#root",
   data: {
      message: "Hello World!",
   }
});
```

Cela va changer la valeur du message, ce qui va donner :

```
Hello World!
```

Maintenant concentrons-nous sur la console en appuyant sur la touche F12 et écrivons ce message d'application de commandement = « Wow », ce qui va changer immédiatement la valeur du message et mettre à jour dans view. En fait VueJS est un système en temps réel ; quand la valeur de la variable est changée alors le changement est immédiat dans view. Il va être écrit :

Wow

VueJS est une bibliothèque très facile à faire démarrer et pour créer des applications en très peu de temps. Maintenant que nous avons créé notre exemple « Hello World », allons plus loin pour comprendre le premier sujet qui est celui des déclarations cachées (*Declarative rendering*).

Declaration cachée (ou masquée) (« *Declarative Rendering* »)

Avez-vous déjà utilisé puis écrit des variables dans un langage de programmation ? J'espère que vous l'avez déjà fait. VueJS nous autorise également à créer des variables dans nos aplpications et à les écrire dans view. Nous les appelons « *data* ». Dans les data, nous stockons les variables et leurs valeurs. Maintenant

continunons et trouvons le nom d'une variable et appelons –là
« VueJS ». Maintenant nous avons créé une variable avec succès.
Nous pouvons les utiliser en instantanné en utilisant
{{nom_variable}}, nom_variable peut s'appeler comme vous
voulez.

```html
<html>
  <head>
    <title>Vue JS Hello World</title>
  </head>
  <body>
    <div id="root" >
      <h1>{{name}}</h1>
  </div>
  </body>
  <script src="https://unpkg.com/vue"></script>
  <script type="text/javascript" >
    var App = new Vue({
      el: "#root",
      data: {
        name: "Vue JS"
      }
```

```
  });
  </script>
</html>
```

La valeur du nom va donner :

Vue JS

Maintenant continuons et mettons à jour la valeur du nom dans la console en évrivant

> App.name = "HTML";

Cela va changer la valeur du nom instantanément mais également être mis à jour dans view. Parce que VueJS est un framework en temps réel.

Maintenant nous connaissons les déclarations cachées, nous allons poursuivre et comprendre ce que sont les instructions (*directives*).

Instructions (*directives*)

Dans les instructions de VueJS existent des attributs spéciaux pour un élément avec le préfixe v. Les instructions donnent des

17

caractéristiques particulières aux éléments. Il y a des tonnes d'instructions apportées par VueJS. Apprenons les instructions VueJS.

v-show s'attend à une valeur booléenne. Si la valeur booléenne est vraie alors l'element auquel v-show est lié sera montré et si la valeur booleenne est fausse alors cet élément sera masqué :

```html
<html>
  <head>
    <title>Vue JS Hello World</title>
  </head>
  <body>
    <div id="root" >
      <h1 v-show="heading" >{{name}}</h1>
    </div>
  </body>
<script src="https://unpkg.com/vue"></script>
<script type="text/javascript" >
  var App = new Vue({
    el: "#root",
    data: {
      name: "Vue JS",
```

18

```
      heading: false,
    }
  });
  App.name = "HTML";
  </script>
</html>
```

Nous avons créé une autre variable appelée « *heading* » et de valeur fausse, v-show s'attend à un boléen et nous avons passé les données boléennes dedans. Maintenant allons plus loin et si toutes les choses marchent bien, vous n'allez rien obtenir ! Parce que nous avons défini le heading comme valeur fausse et pour cela le tag h1 va être masqué dans l'application.

v-if : v-if marche comme un langage de programmation. J'espère que vous connaissez VueJS. Après v-if nous pouvons également fournir v-else « *pour d'autres* ». Par exemple, si une condition n'est pas remplie alors v-else marchera. Regardons cet exemple :

```
<html>
  <head>
    <title>Vue JS Hello World</title>
  </head>
```

```html
<body>
  <div id="root" >
    <h1 v-if="heading" >{{name}}</h1>
    <h1 v-else>Above h1 is hidden</h1>
</div>
</body>
<script src="https://unpkg.com/vue"></script>
<script type="text/javascript" >
  var App = new Vue({
    el: "#root",
    data: {
      name: "Vue JS",
      heading: false,
    }
  });
  App.name = "HTML";
</script>
</html>
```

Si la condition v-if ne correspond pas, v-else va fonctionner. Dans l'exemple ci-dessus nous avons écrit des headings faux, donc la condition v-if n'est pas remplie et VueJS va donner l'élément v-else.

v-on : Cette commande est utilisée pour faire une liaison/déclencher des événements via un boutton, une forme ou sur input ou autre méthode.

vue-on:eventName="method"
Peu importe la valeur d'eventName. Cela peut être un événement « clic » (« *click event* »), un événement « *de passage* » (« *hover event* »), et événement de double clic ou de *focus* ou autre. Cet événement est lié à un formulaire, bouton ou autre. Réalisons un formulaire et lions-le à une méthode lors de l'envoi :

```html
<html>
  <head>
    <title>Vue JS Hello World</title>
  </head>
  <body>
    <div id="root" >
      <form v-on:submit="submitHandle" >
        <button>Submit</button>
      </form>
    </div>
  </body>
```

```html
<script src="https://unpkg.com/vue"></script>
<script type="text/javascript" >
   var App = new Vue({
     el: "#root",
     methods: {
        submitHandle: function () {
           alert(1);
        }
     }
   });
</script>
</html>
```

Si ça fonctionne, cela nous amène à un bouton. Quand vous appuyez sur ce bouton, un événement « *submit* » apparaît. VueJS apporte une commande pour les formulaires de soumission. Quand quelqu'un soumet le formulaire, VueJS va appeler la fonction submitHandle. Allons plus loin et cliquons sur ce bouton, l'application va alerter 1 et vous allez être redirigé. Nous allons avoir besoin d'empêcher la commande afin que VueJS n'autorise pas le navigateur à actualiser la page lors de l'envoi du formulaire :

```html
<form v-on:submit.prevent="submitHandle" >
  <button>Submit</button>
</form>
```

".prevent" empêche la redirection après l'envoi de tout formulaire.

v-for : nous pouvons utiliser la commande v-for pour créer une boucle. La commande v-for nécessite une syntaxe particulière pour exécuter les boucles sur votre application web.

```html
<html>
  <head>
    <title>Vue JS Hello World</title>
  </head>
  <body>
    <div id="root" >
      <li v-for="i in 11">
        {{ i }} X 4 = {{ i * 4 }}.
      </li>
    </div>
  </body>
  <script src="https://unpkg.com/vue"></script>
```

```
<script type="text/javascript" >
    var App = new Vue({
        el: "#root",
    });
</script>
</html>
```

Cela va écrire une boucle entre différents intervalles. Par exemple de 1 à 11. Pensez-vous que nous pouvons exécuter une boucle sur un Tableau (« *Array* ») ? Oui, nous pouvons exécuter une boucle sur des tableaux. Vous allez avoir besoin des données du formulaire contenues dans le Tableau, ensuite vous pouvez boucler dessus. Voici un exemple de comment exécuter une boucle sur un Tableau :

```
<html>
    <head>
        <title>Vue JS Hello World</title>
    </head>
    <body>
        <div id="root" >
            <li v-for="currentName in names">
```

```
        Hello {{currentName.name}}
      </li>
    </div>
  </body>
  <script src="https://unpkg.com/vue"></script>
  <script type="text/javascript" >
    var App = new Vue({
      el: "#root",
      data: {
        names: [
            {name: "John"},
            {name: "Gabriel"},
            {name: "Albert"},
            {name: "Doe"},
        ]
      }
    });
  </script>
</html>
```

Cela va démarrer une boucle de noms contenue dans un Tableau.
Ce Tableau contient des valeurs de même type. Cela va donner :

25

- Hello John
- Hello Gabriel
- Hello Albert
- Hello Doe

Cela signifie que nous avons exécuté une boucle sur un tableau avec succès. Nous allons avoir besoin d'un mot clef « *item in items* », les items veulent dire item et items veulent dire tous les items pour exécuter une boucle.

Le pointeur est nécessaire, parfois pour les actions comme effacer ou mettre à jour un item dans un tableau. Vous pouvez accéder à l'index de l'item actuel par :

```
<div id="root" >
   <li v-for="currentName,index in names">
      {{index}}: {{currentName.name}}
   </li>
</div>
```

La variable pointeur du code ci-avant donne la position du pointeur dans la boucle actuelle. Alors cela va donner quelque chose comme :

- 0: John
- 1: Gabriel
- 2: Albert
- 3: Doe

Cela signifie que nous pouvons facilement accéder au pointeur dans les boucles de VueJS.

v-bind : ve mot-clef lie un ou plusieurs attributs à un élément. Voici un exemple de **v-bind**

```
<!-- bind an attribute -->
<img v-bind:src="imageSrc">
<!-- shorthand -->
<img :src="imageSrc">
<!-- with inline string concatenation -->
<img :src="'/path/to/images/' + fileName">
<!-- class binding -->
<div :class="{ red: isRed }"></div>
<div :class="[classA, classB]"></div>
<div :class="[classA, { classB: isB, classC: isC }]">
<!-- style binding -->
<div :style="{ fontSize: size + 'px' }"></div>
<div :style="[styleObjectA, styleObjectB]"></div>
```

```
<!-- binding an object of attributes -->
<div v-bind="{ id: someProp, 'other-attr': otherProp }"></div>
```

Nous avons appris d'importantes commandes de VueJS. Vous pouvez trouver ici d'informations sur les commandes.

Conclusion du chapitre :

Nous avons appris de très basiques fondamentaux de VueJS, installation de VueJS basée sur CDN. Jusqu'à présent, nous avons appris des termes très basiques de VueJS, ce qui vous aide à comprendre la base deVueJS. Maintenant étudions la syntaxe Vue JS ainsi que la liaison de données.

Chapitre 3

Syntaxe et liaison de données

Jusqu'à présent, nous avons appris des éléments basiques et de l'infrastructure VueJS. Nous avons appris comment installer VueJS, l'exemple *hello world* dans VueJS, modèle basique, initialiser l'application VueJS. Nous avons appris comment lier les données Vue JS dans le chapitre précédent. Maintenant nous allons aller plus loin avec ce chapitre grâce à l'apprentissage de la synthaxe VueJS et des liaisons de données. Comment mettre en place un code de la meilleure façon qu'il soit pour que tous puissent comprendre mais qu'aucun développeur VueJS ne puisse facilement faire des changements dans votre code VueJS ? Qu'est-que les liaisons de donnée ?

Dans la liaison des données, nous lions les valeurs aux éléments, nous lions une fonction à un élément comme cliquer ou sélectionner (*mouse over*). Nous pouvons lier les valeurs de nos VueApp aux éléments de document dans le HTML avec VueJS. Par exemple, j'ai une fonction qui alerte la valeur des messages, ce qui veut dire que nous lions la valeur pour alerter dans VueJS. Ce message donné à partir des inputs. Quand vous esayez de changer le texte alors VueJS va mettre à jour automatiquement la valeur du message dans la fonction utilisée. VueJS a deux liaisons de données. Nous voulons changer le message sur l'utilisateur input, comment cela peut être facilement réalisé ? Dans l'exemple ci-dessous nous utilions le v-model, une commande de Vue. Nous utilisons deux moyens de liaison de données pour changer les valeurs de message de manière dynamique quand l'utilisateur change le texte du message à l'intérieur de l'input. Les données sont synchronisées sur tous les événements input par défaut par VueJS.

```html
<html>
<head>
   <title>Vue JS Hello World</title>
</head>
<body>
   <div id="app">
      <h1>{{ message }}</h1> <input v-model="message">
   </div>
</body>
<script src="vue.min.js"></script>
```

```
<script type="text/javascript">
  new Vue({
    el: '#app',
    data: {
      message: 'Hi this Vue JS!'
    }
  })
</script>


</html>
```

Cela va automatiquement mettre à jour la valeur dans HTML comme écrit dans la zone de texte.

En dehors de ReactJS et AngularJS, VueJS est très facile à apprendre et à mettre en place dans tout projet ou langage web tel que Python, Ruby et PHP. Apprenons comment la syntaxe et la liaison de données fonctionnent dans VueJS.

Comme vous le savez, nous pouvons mettre en place un code VueJS par :

```
var App = new Vue({
  el: "#root",
```

```
data: {...},
methods: {...},
});
```

C'est un VueJS initialisé très basique, nous pouvons également initialiser notre application par :

```
new Vue({
    el: "#root",
    data: {...},
    methods: {...},
});
```

C'est la même chose mais nous pouvons utiliser notre Vue app dans l'exemple au-dessus et dans l'exemple ci-après nous ne pouvons pas utiliser VueJS dans l'autre code JavaScript parce que nous nous n'avons pas déclaré une variable pour lui alors nous ne pouvons utiliser cette application dans Vue. Maintenant voyons la liaison de données et comprenons comment lier les données par VueJS. Maintenant prenons cet exemple :

```
<html>
    <head><title>Vue JS Hello World</title></head>
```

```
<body>
<div id="root" >
   <span class="className" ></span>
</div>
</body>
<script src="vue.min.js"></script>
<script type="text/javascript" >
   var App = new Vue({
      el: "#root",
      data: {
         className: "span-class"
      }
   });
</script>
</html>
```

Maintenant, je veux ajouter une « *class* » aux tag « *span* », appelée *className* et sa valeur est *span-class*. Cela va donner :

```
<html>
▶ <head>…</head>
▼ <body>
  ▼ <div id="root">
        <span class="className"></span> == $0
    </div>
    <script src="vue.min.js"></script>
  ▶ <script type="text/javascript">…</script>
  </body>
</html>
```

Cela va donner le même *className,* maintenant je voudrais

remplacer le *className* avec *span-class.* Comment pouvons-nous

faire cela ? Nous l'appelons liaison de données dans VueJS. Nous

pouvons lier n'importe quoi aux éléments qui habilitent v-bind.

Nous pouvons lier les class aux tag *span* en utilisant v-bind :

```
<html>
  <head><title>Vue JS Hello World</title></head>
  <body>
  <div id="root" >
    <span v-bind:class="className" ></span>
  </div>
  </body>
  <script src="vue.min.js"></script>
  <script type="text/javascript" >
    var App = new Vue({
```

```
    el: "#root",
    data: {
        className: "span-class"
    }
});
</script>
</html>
```

Alors nous avons lié className au tag *span*. Si tout fonctionne

normalement, nous allons poursuivre avec :

```
<html>
 ▶ <head>...</head>
 ▼ <body>
   ▼ <div id="root">
       <span class="span-class"></span> == $0
     </div>
     <script src="vue.min.js"></script>
 ▶ <script type="text/javascript">...</script>
   </body>
 </html>
```

Alors nous pouvons voir que *class « span-class »* est lié au tag *span*.

Rappelons-nous que nous avons besoin d'uliser v-bind:name,

name est en fait changeant, nous pouvons utliser *class, stc, style* et

class.

Chapitre de conclusion :

Dans ce chapitre, nous avons appris la synthaxe VueJS et les liaisons de données, comment lier les formulaires de données VueJS à l'aperçu. Maintenant passons aux components VueJS.

Chapitre 4

Comprendre les *components* de Vue JS et leur usage

Les *components* (« *composants* ») sont les caractéristiques de VueJS les plus importants, on peut dire que ces derniers construisent des parties de l'application. Les components nous aident à diviser notre application en des parties plus petites pour que nous puissions facilement ou que quelqu'un puisse plus facilement réaliser des mises à jour. Nous pouvons lier une fonction différente aux *components* et on peut aussi lier des valeurs aux *components* à partir de VueJS. Les *components* sont utilisés pour créer notre structure d'application très facilement et pour permettre des changements. Dans tous les cas les *components* apparaissent sous la forme d'élément HTML dans VueJS.

Nous avons appris précédemment que nous pouvons lier une nouvelle Vue app par exemple en utilisant :

```
new Vue({
  el: '#some-element',
  // options
})
```

Cela va donner un nouvel exemple de VueJS. Alors comment télécharger un *component* ? Nous pouvons télécharger un *component* en utilisant Vue.component(name,options) pour réaliser un nouveau *component*. Alors on peut créer un nouveau component :

```
Vue.component("component-name",{
    template: "<div>how are you?</div>",
    ...options...
});
```

Nous avons créé un *component* Vue. Une fois que le *component* est créé, nous pouvons utiliser ce *component* :

```
<component-name></component-name>
```

Cela va donner :

how are you?

Maintenant nous avons créé un *component* et l'avons utilisé dans notre application. Il n'est pas facile d'écrire le balisage dans JavaScript. Alors nous pouvons utiliser les modèles pour cela, mais comment utiliser les modèles ? J'espère que vous connaissez le tag <template></template> dans HTML et le tag modèle qui est masqué par la base CSS.

Vous pouvez faire un modèle qui est masqué par la base CSS.

You can template is hidden by base CSS.

Alors nous pouvons utiliser un modèle pour le *component*. Comme vous le savez, nous pouvons utiliser un élément id pour créer un exemple VueJS, ce qui est la même chose avec le *component*. Maintenant poursuivons et écrivons ce modèle pour *component* :

```
<template id="hello-world" >
   <div>
      <h1>Hello World!</h1>
   </div>
</template>
```

Cela va être masqué sur le navigateur. Nous devons pour cela créer un *component* :

```
Vue.component("hello",{
   template: "#hello-world"
});
```

Nous avons lié l'id du modèle à la propriété du modèle de *component*, donc le component peut utiliser le tag du modèle pour le « *rendu* » de *component*. Nous pouvons utiliser ce component dans notre application par :

```
<div id="app">
  <hello></hello>
</div>
```

Exemple complet pour le *component* avec le modèle tag :

```
<html>
<head>
  <title>Vue JS Hello World</title>
</head>
<body>
  <div id="app">
    <hello></hello>
  </div>
  <template id="hello-world" >
    <div>
      <h1>Hello World!</h1>
    </div>
  </template>
</body>
<script src="vue.min.js"></script>
<script type="text/javascript">
  Vue.component("hello",{
```

41

```
    template: "#hello-world"
  });
  new Vue({
    el: '#app',
    data: {
      message: 'Hi this Vue JS!'
    }
  })
</script>


</html>
```

Si cela fonctionne alors vous allez être voir apparaître :

Hello World!

This is amazing right! ⚓ Nous avons appris ce qu'est un *component*, comment utiliser les *components* et comment utiliser les modèles pour les *components*. Maintenant allons à la section suivante en utilisant les *components* par *props* (« *components by props* »):

Components par *props*

Avez-vous déjà pensé à comment passer des *props* à des *components* ? Comment passer des valeurs aux *components* dans VueJS. Tout *component* ou fonction dans n'importe quel langage doit avoir les caractéristiques requises pour accepter les données de l'extérieur et les utiliser dans le *component*. VueJS nous autorise à utiliser cette caractéristique également. Faisons cela !

Premièrement nous avons besoin de définir une liste deş props qui vont être passé de l'extérieur :

```
Vue.component("hello",{
    template: "#hello-world",
    props: ["message"]
});
```

Il faut entrer le *component* ci-dessus pour accepter les *props* appelés « *message* ». Nous pouvons utiliser ce support dans notre *template* comme suit :

```
<template id="hello-world" >
    <div>
```

```
    <h1>Hello World!</h1>
    <p>
        {{message}}
    </p>
  </div>
</template>
```

Ensuite nous devons passer le message de l'extérieur pendant qu'on appelle le *component* :

```
<div id="app">
    <hello message="You need to signup to our website"
></hello>
</div>
```

Si ça marche bien, alors vous allez trouver quelque chose comme :

Hello World!

You need to signup to our website

Voici l'intégralité du code que nous avons :

```html
<html>
<head>
  <title>Vue JS Hello World</title>
</head>
<body>
  <div id="app">
    <hello message="You need to signup to our website"
></hello>
  </div>
  <template id="hello-world" >
    <div>
      <h1>Hello World!</h1>
      <p>
        {{message}}
      </p>
    </div>
  </template>
</body>
<script src="vue.min.js"></script>
<script type="text/javascript">
  Vue.component("hello",{
    template: "#hello-world",
```

```
    props: ["message"]
  });
  new Vue({
    el: '#app',
    data: {
      message: 'Hi this Vue JS!'
    }
  })
</script>


</html>
```

Cela va fonctionner. Maintenant passons aux méthodes des *components* dans VueJS. Comment mener à bien des méthodes comme nous faisons dans VueJS ? Comme nous définissons la propriété des *props*, alors nous avons besoin de définir la propriété des méthodes également. Et ensuite écrire les fonctions ou méthodes :

```
Vue.component("hello",{
  template: "#hello-world",
  methods: {
    alert: function () {
```

```
        alert(1);
    }
  }
});
```

Nous avons défini une fonction qui va marcher en cliquant, nous allons avoir besoin d'ajouter un bouton et ajouter un événement « clic » (« *click event* ») au bouton :

```
<template id="hello-world" >
  <div>
    <h1>Hello World!</h1>
    <button v-on:click="alert" >Click Me</button>
  </div>
</template>
```

Quand quelqu'un clique sur le bouton ci-dessus, la function alerte ou méthode va fonctionner. Le code pour les méthodes :

```
<html>
<head>
  <title> Vue JS Hello World </title>
</head>
```

```html
<body>
  <div id = "app" >
    <hello message = "You need to signup to our website"
></hello>
  </div>
  <template id = "hello-world" >
    <div>
      <h1>Hello World!</h1>
      <button v-on:click = "alert" > Click Me </button>
    </div>
  </template>
</body>
<script src = "vue.min.js" ></script>
<script type = "text/javascript">
Vue.component("hello",{
  template: "#hello-world",
  methods: {
    alert: function () {
      alert(1);
    }
  }
});
  new Vue({
```

```
        el: '#app',

        data: {

            message: 'Hi this Vue JS!'

        }

    })
</script>


</html>
```

Si ce code assemble avec succès nous allons être voir un bouton, après avoir cliqué sur le bouton que nous verrons comme une alerte avec la valeur 1.

Hello World!

Quand quelqu'un clique sur ce bouton vous allez être averti par l'alerte :

Donc nous avons travaillé sur l'exemple des méthodes de *component*. Dans ce chapitre nous avons appris comment ajouter des *props* et des caractéristiques de méthodes pour *components* VueJS et nous pouvons y lier différentes données. Allons plus loin !

Nous avons créé une méthode dans notre *component*, quand quelqu'un clique sur ce bouton, la méthode va marcher. Par exemple vous avez une méthode dans l'exemple VueJS et vous voulez passer à d'autres *components*, comment pouvez-vous faire cela ? Allons-y ! 🏝

Oh attendez ! Avant de procéder, apprenez ces differences :

```
<hello :message="message" ></hello>
```

Et :

```
<hello message="message" ></hello>
```

Ci-dessus, la valeur du message va être transformée d'une variable en données. Si nous utilisons les deux points, alors VueJS va comprendre qu'il s'agit d'une variable, alors que si nous n'utilisons pas les deux points, ce sera considéré comme une valeur. Right! J'espère que maintenant vous comprenez 🏝

Maintenant créons une méthode dans l'exemple VueJS et puis passons à une autre.

```
new Vue ({
    el : '#app',
    data : {
        message: 'Hi this Vue JS!'
    },
    Methods : {
        alert : function () {
            alert(1);
        }
    }
})
```

Maintenant, indiquez un *component* pour que ça donne un paramètre ou des *props* :

```
Vue.component("hello",{
    template: "#hello-world",
    props: ['alert']
});
```

Maintenant ajoutez un bouton au *component* et attribuez-le v-on :

```
<template id="hello-world" >
  <div>
    <h1> Hello World ! </h1>
    <button v-on:click = "alert" > Click Me </button>
  </div>
</template>
```

Maintenant passons la méthode pendant que nous utilisons le *component* :

```
<hello :alert = "alert" > </hello>
```

Pendant que l'on combine ces termes, notre code exécutable final va ressembler à ça :

```
<html>
<head>
  <title> Vue JS Hello World </title>
</head>
<body>
```

```
<div id = "app">
    <hello :alert = "alert" ></hello>
</div>
<template id = "hello-world" >
    <div>
        <h1> Hello World ! </h1>
        <button v-on:click = "alert" > Click Me </button>
    </div>
</template>
</body>
<script src = "vue.min.js"> </script>
<script type="text/javascript">
    Vue.component("hello",{
        Template : "#hello-world",
        Props : ['alert']
    });
    new Vue({
        el : '#app',
        data : {
            message: 'Hi this Vue JS!'
        },
        Methods : {
            Alert : function () {
```

```
        alert(1);
      }
    }
  })
</script>
</html>
```

Si tout se combine alors nous trouvons quelque chose comme :

Hello World!
`Click Me`

Après avoir cliqué sur ce bouton, nous allons avoir quelque chose comme :

Nous avons créé avec succès une application VueJS qui aide à faire en sorte que les méthodes passent d'un *component* à un autre. Nous pouvons utiliser cette caractéristique pour faire passer facilement les fonctions ou méthodes à d'autres parties de notre application VueJS.

Nous avons appris de la syntaxe Vue JS, de l'installation et des *components*. Faisons un quizz, une

Let's get that thing done allons plus loin et créons une nouvelle application dans laquelle on inclut VueJS. Ci-après une nouvelle application pour vous :

```html
<html>
<head>
    <title> Vue JS Hello World </title>
</head>
<body>
    <div id = " app ">

    </div>
</body>
<script src = "vue.min.js"> </script>
<script type = "text/javascript">
    new Vue({
        el: '#app',
    })
</script>
</html>
```

Nous avons une nouvelle application et allons maintenant plus loin avec la nouvelle application, en suivant les *components* dont nous allons avoir besoin pour créer une application chat :

Liste des messages: pour lister les messages.

Sous *components*

Enlever le bouton message

Enlever le message

Formulaire : pour envoyer des messages.

Maintenant allons plus loin et créons un nouvel exemple VueJS :

```
var ChatApp = new Vue({
    el: "#root",
    data: {
        appName: "Welcome to chat App",
        messages: [
            {text: "Hi are you?",time: new Date()},
            {text: "I'm fine",time: new Date()},
            {text: "I'm fine",time: new Date()}
        ],
    },
```

```
methods: {
  save: function (message) {
    if (message)
      this.messages.push({text: message,time: new Date()});
  },
  removemessage: function (index) {
    this.messages.splice(index,1);
  }
}
});
```

Maintenant que nous avons un nouvel exemple VueJS, vous pouvez voir que nous avons les données et méthodes :

Données :

Nom d'application (*appName*)

nom de l'application chat.

Messages

contient tous les messages qui sont envoyés.

Méthodes :

Sauvegarde :

Cela va créer un nouvel objet de message qui incite au déploiement de messages

Supprimer le message (*removeMessage*):

Cela va supprimer un message en particulier.

Components :

Liste de messages :

```
var messagesList = Vue.component("messages",{
    template: "#messages-list",
    props: ['chat',"removemessage"],
    methods: {
        getRelativeTime: function (timeStamp) {
            var now = new Date(),
            secondsPast = (now.getTime() - timeStamp.getTime()) /
1000;
            if(secondsPast < 60){
                return parseInt(secondsPast) + ' Seconds Ago';
            }
            if(secondsPast < 3600){
                return parseInt(secondsPast/60) + ' Minutes ago';
            }
```

```
        if(secondsPast <= 86400){

            return parseInt(secondsPast/3600) + 'Hours Ago';

        }

        if(secondsPast > 86400) {

            day = timeStamp.getDate();

            month = timeStamp.toDateString().match(/ [a-zA-
Z]*/)[0].replace(" ","");

                year = timeStamp.getFullYear() == now.getFullYear() ?
"" : " "+timeStamp.getFullYear();

            return day + " " + month + year;

        }

    }

  },

});
```

Cela contient un *component* de liste de messages qui va accepter les *props* :

Chat: Liste de chat de l'exemple Vue (*Vue Instance*).

« removeMessage » : fonction qui passe d'extérieure à messages supprimés.

Et méthodes :

« *getRelativeTime* » : cela va prendre un temps relatif, combien de temps s'est écoulé après que le message spécifique soit créé

Maintenant passons aux sous *components* :

```
var removemessage = Vue.component("removemessage",{
    template: "#remove_message",
    props: ["removemessagefunction"],
});
var messageItem = Vue.component("messageitem",{
    template: "#message-item",
    props: ["message"]
});
```

Chacun d'eux sont des petits *components*, le premier étant un *removemessage* qui va accepter un *prop* comme fonction pour supprimer un message ciblé. Le second st un *messageitem* qui va accepter un message comme chaîne pour écrire le texte du message.

Maintenant nous avons JS qui est prêt et nous allons créer les *components* :

Liste des messages:

```
<template id = " messages-list " >
  <div>
    <ul class= "list-group " >
      <li class = " list-group-item " v-for = "m,index in chat" >
        <messageitem :message = "m" ></messageitem>
        <removemessage
:removemessagefunction="removemessage"></removemessage
>
        <span style = "position: relative;left: -50px;" class = "
pull-right " >
          Date: {{getRelativeTime(m.time)}}
        </span>
      </li>
      <div v-if = " chat.length <= 0 " >
        <div class =" alert alert-info " >
          <p>
          NO Messages
          </p>
        </div>
      </div>
```

61

```
    </ul>
  </div>
</template>
```

Retirer Message:

```
<template id = " remove_message " >
  <span>
    <a v-on:click=" removemessagefunction() " class = " close "
>X</a>
  </span>
</template>
```

Message Item:

```
<template id = " message-item " >
  <span> {{ message.text }} </span>
</template>
```

Formulaire du Chat :

```
<template id = " chat-form" >
  <div>
    <form v-on:submit.prevent = " save(message),empty()" >
```

```
    <label>Your Message</label>
    <input v-model="message" type = " text " class = "form-
control" />
      <div v-if = "hasErrors" class = "alert alert-danger" >
        <p>
          Please enter a message.
        </p>
      </div>
      <button class = "btn btn-info" >Send</button>
      <span class = " pull-right badge badge-info " >
        {{totalmessages}}
      </span>
    </form>
  </div>
</template>
```

Maintenant tous les *components* sont prêts, ce qui fonctionne dans notre application :

```
<div id="root" >
  <div>
    <h1>{{appName}}</h1>
```

```
    <messages :removemessage="removemessage"
:chat="messages" ></messages>
    <chatform :totalmessages="messages.length"  :save="save"
></chatform>
  </div>
</div>
```

Maintenant copiez tout ces *components* en tant qu'HTML et JS à leurs propres endroits, notre application finale de chat va ressembler à ça :

Index.html

```
<!DOCTYPE html>
<html>
<head>
  <title>
    Title
  </title>
  <link rel="stylesheet" type="text/css"
href="https://maxcdn.bootstrapcdn.com/bootstrap/3.3.7/css/bootstrap.min.css">
  <style type="text/css">
```

```
    body {
        margin: 20px;
    }
    </style>
</head>
<body>
<div id="root" >
    <div>
        <h1>{{appName}}</h1>
        <messages :removemessage="removemessage"
:chat="messages" ></messages>
        <chatform :totalmessages="messages.length"  :save="save"
></chatform>
    </div>
</div>
    <!-- templates -->
    <template id="messages-list" >
        <div>
            <ul class="list-group" >
                <li class="list-group-item" v-for="m,index in chat" >
                    <messageitem :message="m" ></messageitem>
```

```html
<removemessage
:removemessagefunction="removemessage"></removemessage
>
          <span style="position: relative;left: -50px;"
class="pull-right" >
              Date: {{getRelativeTime(m.time)}}
          </span>
        </li>
        <div v-if="chat.length <= 0" >
          <div class="alert alert-info" >
            <p>
              NO Messages
            </p>
          </div>
        </div>
      </ul>
    </div>
  </template>
  <template id="remove_message" >
    <span>
      <a v-on:click="removemessagefunction()"
class="close">X</a>
    </span>
```

```html
</template>
<template id="message-item" >
  <span>{{message.text}}</span>
</template>
<template id="chat-form" >
  <div>
    <form v-on:submit.prevent="save(message),empty()" >
      <label>Your Message</label>
      <input v-model="message" type="text" class="form-
control" />
      <div v-if="hasErrors" class="alert alert-danger" >
        <p>
          Please enter a message.
        </p>
      </div>
      <button class="btn btn-info" >Send</button>
      <span class="pull-right badge badge-info" >
        {{totalmessages}}
      </span>
    </form>
  </div>
</template>
<!-- templates -->
```

```html
<script type="text/javascript" src="vue.js" ></script>
<script type="text/javascript" src="app.js" ></script>
</body>
</html>
```

App.js

```javascript
var removemessage = Vue.component("removemessage",{
    template: "#remove_message",
    props: ["removemessagefunction"],
});
var messageItem = Vue.component("messageitem",{
    template: "#message-item",
    props: ["message"]
});
var messagesList = Vue.component("messages",{
    template: "#messages-list",
    props: ['chat',"removemessage"],
    methods: {
        getRelativeTime: function (timeStamp) {
            var now = new Date(),
            secondsPast = (now.getTime() - timeStamp.getTime()) /
1000;
```

```javascript
        if(secondsPast < 60){
            return parseInt(secondsPast) + ' Seconds Ago';
        }
        if(secondsPast < 3600){
            return parseInt(secondsPast/60) + ' Minutes ago';
        }
        if(secondsPast <= 86400){
            return parseInt(secondsPast/3600) + 'Hours Ago';
        }
        if(secondsPast > 86400) {
            day = timeStamp.getDate();
            month = timeStamp.toDateString().match(/ [a-zA-
Z]*/)[0].replace(" ","");
            year = timeStamp.getFullYear() == now.getFullYear() ?
"" : " "+timeStamp.getFullYear();
            return day + " " + month + year;
        }
      }
    },
});
var chatForm = Vue.component("chatform",{
    template: "#chat-form",
    props: ["save","totalmessages"],
```

```javascript
data: function () {
    return {
        message: "",
        hasErrors: false,
    }
},
methods: {
    empty: function () {
        if (this.message) {
            this.message = "";
            this.hasErrors = false;
        } else {
            this.hasErrors = true;
        }
    }
}
});
var ChatApp = new Vue({
    el: "#root",
    data: {
        appName: "Welcome to chat App",
        messages: [
            {text: "Hi are you?",time: new Date()},
```

```
      {text: "I'm fine",time: new Date()},
      {text: "I'm fine",time: new Date()}
    ],
  },
  methods: {
    save: function (message) {
      if (message)
        this.messages.push({text: message,time: new Date()});
    },
    removemessage: function (index) {
      this.messages.splice(index,1);
    }
  }
});
```

Si tout se compile bien alors vous allez voir apparaître :

Maintenant, nous avons travaillé sur l'application chat et ça fonctionne sans erreur.

Chapitre de conclusion :

Nous avons appris et créé des applications dans ce chapitre, nous avons compris les *components* et autres. Nous avons appris comment passer de valeurs différentes à des *components* et autres valeurs. Passons maintenant à VueX.

Chapitre 5

Guide VueX, ses modèles et son usage

Qu'est-ce que VueX?

Tout comme Redux, VueX est une bibliothèque *state management* ainsi qu'un modèle pour *state management*. VueX sert de stockage de base pour tous les *components* des applications VueJS. VueX est également intégré avec l'extension VueJS.

Installation

Commençons par installer VueX sur notre application. Pour un développeur VueJS débutant, je recommande de commencer avec les installations basées sur CDN, c'est-à-dire commencer par l'installation de VueX basé sur CDN ; vous pouvez installer VueX en même temps que VueJS :

```
<html>
  <head>
    <title> Hello </title>
  </head>
```

```html
<body>
    <div id = "root" >
    </div>
</body>
<script src = "https://unpkg.com/vue" > </script>
<script src = "https://unpkg.com/vuex" > </script>
<script>
    //
</script>
</html>
```

Maintenant nous avons installé VueJS et VueX dans notre application.

Vous pouvez installer par NPM :

```
npm install vuex --save
```

Vous pouvez installer par YARN :

```
yarn add vuex
```

Chacune de ces commandes vont installer VueX dans différents systèmes tels que NPM ou YARN. Nous allons apprendre VueX par simple HTML.

Guide to State Management Pattern

Pour montrer que le modèle *state management* fonctionne, commençons avec la simple *Vue Counter app* :

```
new Vue({
  // state
  data () {
    return {
      count: 0
    }
  },
  // view
  template: `
  <div>{{ count }}</div>
  `,
  // actions
  methods: {
    increment () {
      this.count++
    }
  }
});
```

Cette petite VueJS app comprend les différentes parties :

State : la source de vérité

View : Vue pour la VueJS app

Actions : contient toutes les méthodes pour interagir quand quelque chose arrive à vue, comme un événement ou autre. Cela peut s'expliquer par cette image fournie par VueJS :

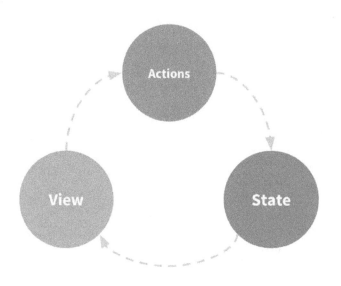

Les avantages liés à l'utilisation de VueX sont les suivants :

de multiples *views* dependent de la même *piece of state*

les actions de différentes *views* peuvent avoir besoin de muter la même *piece of state*

Pour la première problématique, faire passer les *props* peut être lourd pour des parties profondément intégrées, et essentiellement, ne fonctionne pas pour des *components* proches.
Pour la seconde problématique, nous finissons régulièrement par dépendre des arrangements, par exemple, poursuivre des références occurrentes proches/jeunes directs ou essayer de transformer et synchroniser de nombreuses *duplicates of the state* par des moyens d'occasions.
Chacun de ces exemples sont fragiles et déclenchent rapidement un code non-résistant.

Alors pourquoi ne pas séparer l'état mutuel de l'extérieur des *components*, et les superviser de manière unique et globale ? Avec cela, notre troisième partie tourne au « *view* » principal, et tout *component* peut arriver en l'état ou déclencher l'activité, sans importance de où il se situe dans les trois.

De plus, en caractérisant et en isolant les idées associées au *state administration* d'état et télécharger certains principes, nous donnons à notre code davantage de structure et de viabilité.

C'est l'intérêt fundamental de Vuex, entrainé par Flux, Redux et The Elm Architecture. Contrairement à des exemples alternatifs, Vues est égaleemnt une bibliothèque d'utilisation personnelle qui convient particulièrement à VueJS pour exploiter son cadre de réactivité granulaire pour des mises à jour productives.

Pour commencer

L'accent est mis sur le *store* de chaque application Vuex. Un *store* est essentiellement un compartiment qui contient l'état de l'application. Il y a deux choses qui font que l'unicité du *store* Vuex est en relation avec une pure contestation mondiale :

Les stores Vuex sont réactifs. Au moment où les parts de Vue récupérent l'état de celui-ci, elles vont en réponse et de manière efficace s'actualiser si l'état du store est modifié.

Vous ne pouvez pas simplement changer l'état du store. Le meilleur moyen de changer l'état du store est en soumettant unilatéralement des transformations. Cela garantie que chaque changement d'état laisse une trace (*track-capable record*) et habilite l'outillage qui nous permet de mieux comprendre nos applications.

Un Store le plus simple possible

Après l'installation de VueX, commençons par un exemple pour *store*.

```html
<html>
  <head>
    <title>Hello</title>
  </head>
  <body>
    <div id="root" >
    </div>
  </body>
<script src="https://unpkg.com/vue" ></script>
<script src="https://unpkg.com/vuex" ></script>
<script>
  const store = new Vuex.Store({
    state: {
      count: 0
    },
    mutations: {
      increment (state) {
```

```
        state.count++
            }
        }
    });
    store.commit('increment');
    console.log(store.state.count); // -> 1
  </script>
</html>
```

Les mutations sont en fait comme les méthodes, dans l'exemple
ci-dessus, nous avons incrémenté la valeur actuelle du compteur
(*counter*). Nous avons modifié l'état de notre application.
Maintenant ouvrez ce dossier dans le moteur de recherche et vous
voyez écrit « *console* ». Vous allez voir quelque chose comme :

Vous pouvez voir que « 1 » est écrit dans « *console* ». Maintenant
écrivez ce code et appuyez sur « entrer ».

```
store.commit('increment');
```

console.log(store.state.count);

Ça va écrire « 2 » sur votre « *console* » :

Maintenant que nous avons vu l'exemple VueX. Allons plus loin !

Etat (*State*)

Vuex utilise un « *solitary state tree* » – c'est-à-dire que cette question seule contient l'intégralité de l'état du niveau d'application et remplit la fonction de « *berceau unique de la vérité* » (« 'single wellspring of truth' »). Cela veut dire également que la plupart d'entre vous allez avoir juste un seul *store* pour toutes les applications. Un « *solitary state tree* » permet de faire cela directement, trouvant un peu d'état particulier, et nous rendant capable de prévisualiser sans effort l'état actuel de l'application pour la résolution de problèmes.

Getters

Les getters sont un type de fonctions utilisé pour faire revenir les valeurs de l'objet d'état. Supposons que nous avons un *store* pour toutes les chansons d'une liste. Ensuite nous pouvons utiliser une fonction pour obtenir une liste de toutes les chansons :

```
const store = new Vuex.Store({
    state: {
        songs: [
            { name: " Despacito"} ,
            { name: " Will You !"} ,
            { name: " You are not alone ! "} ,
        ]
    },
    getters: {
        getAllSongs: state => {
            return state.songs ;
        }
    }
});
```

Une fonction dans les getters appelée getAllSongs() va faire revenir toutes les chansons à la gestion d'état. Nous utilisons cette fonction :

82

store.getters.getAllSongs() ;

Cela va faire revenir toute la liste des chansons contenues dans un tableau de chansons :

Mutations

Vous pouvez appeler cela mutation mais aussi méthodes. Les mutations sont également des méthodes. A partir de l'exemple ci-dessus, créez une mutation qui va ajouter un nouvelle chanson à la liste :

```
const store = new Vuex.Store({
    state: {
        songs: [
            {name: " Despacito " } ,
            {name: " Will You ! " } ,
            {name: " You are not alone ! " } ,
        ]
    },
    getters: {
        getAllSongs: state => {
            return state.songs;
        }
    },
```

```
mutations: {
    addSong: function () {
        console.log("Will add a song") ;
    }
  }
});
```

Nous pouvons addSong par :

store.commit("addSong") ;

Cela va ajouter un *log* dans votre console.

Ok 🛠 vous l'avez fait. Comment pouvons-nous passer de paramètres à d'autre ? Nous pouvons passer de paramètres à d'autres en utilisant des *payloads*, nous appelons *payloads* tout comme paramètres. Continuons et créons des paramètres. Nous pouvons changer notre mutation pour quelque chose comme :


```
mutations: {
    addSong: function (state,name) {
        console.log(` Will add a song called ${name} `) ;
    }
}
```

Un premier paramètre d'état est utilisé par VueX et un second paramètre est le nom d'une chanson que vous voulez ajouter. Vous pouvez ajouter la chanson par :

```
store.commit("addSong","Rockstar");
```

Cela va donner quelque chose comme :

Voilà, copiez ce code et collez-le sur votre document pour voir comment ça marche :

```html
<html>
  <head>
    <title> Hello </title>
  </head>
  <body>
    <div id = "root" >
    </div>
  </body>
```

```
<script src = "vue.js" type = " text/javascript " ></script>
<script src = "vuex.js" type = " text/javascript " ></script>
<script>
  const store = new Vuex.Store({
    state: {
      songs: [
        {name: " Despacito " } ,
        {name: " Will You ! " } ,
        {name: " You are not alone ! " } ,
      ]
    },
    getters: {
      getAllSongs: state => {
        return state.songs;
      }
    },
    mutations: {
      addSong: function (state,name) {
        console.log(` Will add a song called ${name} `);
      }
    }
  });
  store.commit("addSong"," Rockstar ");
```

```
</script>
</html>
```

Si vous copiez tout correctement, vous n'allez rien voir sur l'écran 🛎, appuyez sur f12 et sur console pour voir la liste des logs générés par le code.

Actions

Chacune des actions et mutation sont les mêmes, mais les différences suivantes existent :

Au lieu d'engendrer une mutation, les actions engendrent les mutations

Les actions peuvent contenir des opérations asynchrones de manière arbitraire

Allons plus loin et enregistrons une action dans notre VueX :

```
const store = new Vuex.Store({
    state: {
        songs: [
            {name: " Despacito " } ,
            {name: " Will You! " } ,
            {name: " You are not alone ! " } ,
        ]
```

```
  },
  getters : {
    getAllSongs : state => {
      return state.songs;
    }
  },
  mutations : {
    addSong : function (state,name) {
      console.log(`Will add a song called ${name}`);
    }
  },
  actions : {
    addSong : function (context) {
      context.commit(" addSong "," Rock Star " ) ;
    }
  }
});
```

Nous avons créé une action qui conduit à une mutation, en fait
cela conduit à une mutation addSong pour ajouter une chanson.
Comment pouvons-nous mener à bien une telle action ? Nous
pouvons conduire une action via la commande « *envoyer* »
(« *dispatch* »).

store.dispatch("addSong");

Cela va conduire à l'action addSong. Maintenant copiez ce code et collez le dans votre document HTML en incluant Vuex et Vue. Ensuite vérifiez votre console pour voir les logs sur votre console :

Cela va donner le même log, parce que notre concept est le même bien que l'approche soit différente.

Chapitre de conclusion :

Nous avons appris VueX et maintenant nous allons passer au chapitre « *test* » (« *testing* »)

Chapitre 6

Test unitaire ("*Unit Testing*")

Qu'est-ce que le test unitaire de Vue JS ?

Laissez-moi de nouveau vous expliquer ce qu'est Vue JS :

« VueJS est une structure JavaScript qui aide au développement en amont des applications web, en particulier en coordonnant des éléments complexes. Pour chaque initiative, il est important de tout expérimenter dans nos applications et voir que tout fonctionne clairement. Cependant, pour des projets étendus (« *extensive ventures* »), ça devient rapidement fastidieux de vérifier chaque *component* après chaque nouvelle mise à jour. Ainsi, nous pouvons mettre en place des tests informatiques qui fonctionnent en permanence et nous assurer que nos codes fonctionnent. Dans cet exercice instructif, nous allons faire un certain nombre de tests unitaires basiques pour VueJS, montrant ainsi qu'il faut commencer à l'utiliser. »

Maintenant passons au test unitaire VueJS, Test Unitaire qui permet de s'assurer que VueJS fonctionne. Par exemple avec le test unitaire vous pouvez tester les unités VueJS pour confirmer si elles fonctionnent bien. Le Test Unitaire nous permet également de nous assurer que le comportement de chaque component est normal et cohérent.

Configuration (« *setup* ») et *Tooling*

Rien de bon ne fonctionnera avec un framework de formulaire basé sur un module, mais dans le cas où vous êtes à la recherche d'une proposition particulière, essayez le « *Karma test sprinter* ». Il a une quantité considérable de plugins de groupe, qui comprennent un support pour Webpack et Browserify. Pour une configuration point par point, vous pouvez faire référence à chaque documentation particulière de projet, cependant, ces illustrations de dipositions Karma pour Webpack et Browserify peuvent vous permettre de commencer.

Simples affirmations

Pour le test de la structure du code, nous n'avons pas besoin de faire quoi que ce soit, nous avons simplement besoin d'exporter les éléments :

```
<template>
  <span> {{ message }} </span>
</template>
<script>
```

```
export default {
  data () {
    return {
      message: 'hello ! '
    }
  },
  created () {
    this.message = ' bye ! '
  }
}
</script>
```

Quand vous voulez tester ce *component*, vous devez inclure cet objet importé avec Vue pour faire des affirmations communes.

```
import Vue from 'vue'
import TheComponent from
'your/drive/path/to/TheComponent.vue'
describe('MyComponent', () => {
  it('has a created hook', () => {
    expect(typeof TheComponent.created).toBe('function')
  })
  it('sets the actual default data', () => {
    expect(typeof TheComponent.data).toBe('function')
```

```
    const defaultData = TheComponent.data()
    expect(defaultData.message).toBe('Hello how are you!')
  })
  it('without errors sets the message when created', () => {
    const vm = new Vue(TheComponent).$mount()
    expect(vm.message).toBe('Goodbye')
  })
  it('renders the actual message', () => {
    const Ctor = Vue.extend(TheComponent)
    const vm = new Ctor().$mount()
    expect(vm.$el.textContent).toBe('hello, Bye!')
  })
})
```

Écrire des *components* testables

Une part importante du rendu des *components* est fondamentalement contrôlée par les *props* qu'ils obtiennent. En fait, si le rendu repose exclusivement sur ces *props*, il s'avère très clair de tester, comme l'atteste l'estimation d'arrivée d'une capacité pure avec diverses affirmations. Par exemple :

```
<template>
  <p> {{ msg }} </p>
</template>
```

```
<script>
  export default {
    props : [ 'msg' ]
  }
</script>
```

Vous pouvez affirmer son rendu avec différents *props* en utilisant l'alternative *propsData* :

```
import Vue from 'vue'
import MyComponent from './MyComponent.vue'
// helper function that mounts and returns the rendered text
function getRenderedText (Component, propsData) {
  const Ctor = Vue.extend(Component)
  const vm = new Ctor({ propsData: propsData }).$mount()
  return vm.$el.textContent
}
describe('MyComponent', () => {
  it('renders correctly with different props', () => {
    expect(getRenderedText(MyComponent, {
      msg: 'Hello'
    })).toBe('Hello')
    expect(getRenderedText(MyComponent, {
      msg: 'Bye'
```

94

```
    })).toBe('Bye')
  })
})
```

Test unitaire avec Karma et Mocha

Avec ce test, nous testerons notre application. Dans un premier temps, vous aurez besoin d'installer VueJS par CLI et cela veut dire que vous avez besoin d'installer VueJS basé sur Node JS :

$ vue init webpack my-project

Ça va installer vue-cli et créer un projet. Puis nous avons besoin de faire des changements dans test/unit/karma.config.js. Nous aurons besoin de spécifier les noms des plugins que nous voulons utiliser.

```
var webpackConfig = require('path/to/webpacktest.conf');

module.exports = function (config) {
  config.set({
    frameworks: ['mocha', 'sinon-chai'],
    files: ['./index.js'],
    preprocessors: {
      './index.js': ['webpack', 'sourcemap']
    },
```

```
webpackMiddleware: {
  noInfo: true
},
browsers: ['Chrome'],
webpack: webpackConfig,
reporters: ['spec', 'coverage'],
plugins: [
  'karma-chrome-launcher',
  'karma-mocha',
  'karma-sinon-chai',
  'karma-webpack',
  'karma-sourcemap-loader',
  'karma-spec-reporter',
  'karma-coverage'
],
coverageReporter: {
  reporters: [
    { type: 'lcov', subdir: '.' },
    { type: 'text-summary' }
  ],
  dir: './coverage',
}
})
```

}

Premier test unitaire de *component*

Créons un simple component pour le tester :

```
<template>
  <p>{{propValue}}</p>
</template>

<script>
export default {
  props: ['propValue']
}
</script>
```

Dans *spec add* un nouveau « test/unit/spec » apparaît. Cela va vérifier si le texte du *component* est le même que celui défini :

```
import Vue from 'vue';
import TestIT from 'src/components/TestIT';

describe('TestIT.vue', () => {
  it(`should render property Value as it's text content`, () => {
    const Constructor = Vue.extend(TestIT);
```

97

```
const comp = new Constructor({
  propsData: {
    propValue: 'Test Text'
  }
}).$mount();

expect(comp.$el.textContent)
  .to.equal('Test Text');
});
});
```

Comme vue.js met à jour pour les asyn updates nous allons avoir besoin de déclencher une fonction qui va vérifier régulièrement les mises à jour du *component*.

```
<template>
  <p>{{dataProp}}</p>
</template>

<script>
export default {
  data: function () {
    return {
```

```
      dataProp: 'Data Text'
    };
  }
}
</script>
import Vue from 'vue';
import TestMe2 from 'src/components/TestMe2';

describe('TestMe2.vue', () => {

  ...

  it(`This updates when dataText is changed.`, done => {
    const Constructor = Vue.extend(TestMe2);


    const comp = new Constructor().$mount();


    comp.dataProp = 'New Text';


    Vue.nextTick(() => {
      expect(comp.$el.textContent)
        .to.equal('New Text');
      done();
    });
  });
```

});

C'est ce que nous avons dans le test unitaire VueJS ; vous pouvez apprendre davantage sur le test unitaire VueJS via les liens suivants :

https://alligator.io/vuejs/unit-testing-karma-mocha/
https://vuejs.org/v2/guide/unit-testing.html
https://scotch.io/tutorials/how-to-write-a-unit-test-for-vuejs

Chapitre de conclusion :
Nous avons appris ce qu'est le test unitaire VueJS et comment tester les *components* dans VueJS. Dans le chapitre suivant, nous allons créer quelques exemples.
Passons au chapitre suivant !

Chapitre 7

Vue JS CLI et exemples

Nous avons appris tous les basiques de Vue JS. Dans ce chapitre, nous allons apprendre à commencer avec la version VueJS CLI et à la fin de ce chapitre, nous ferons quelques exercices. Je recommande à tous d'utiliser Vue JS CLI, également appelé VueJS basé sur NODE JS. Vue JS par CLI est le moyen recommandé pour utiliser Vue JS. Alors vous pouvez installer Vue JS en utlisant :

Vous devez installer globalement dans un premier temps 🏖️

npm install --global vue-cli

Cela va installer Vue JS globalement, puis vous allez avoir besoin d'initialiser la Vue JS app :

vue init webpack my-project

Cela va créer une Vue JS app sans Node Modules. Nous allons avoir besoin de continuer jusqu'au dossier :

cd my-project

puis nous allons installer toutes les dépendances et notamment les ressources Vue JS :

npm install

Cela va installer toutes les dépendances et notamment les ressources Vue JS, nous allons avoir besoin de démarrer notre application :

npm run dev

Cela va conduire à l'ouverture d'un serveur sur http://localhost:8080/, si tout marche bien, vous allez voir apparaître :

Si vous voyez cet écran, cela veut dire que vous avez correctement installé VueJS CLI (*Node JS based Vue JS*) sur votre système. Si vous ouvrez un répertoire pour votre VueJS, vous allez avoir quelque chose comme : (haut de la page suivante)

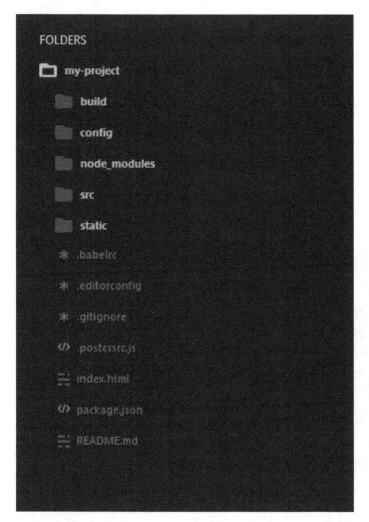

Vous allez voir quelque chose comme cela si vous avez tout installé correctement 🏖 Maintenant laissez-moi vous expliquer la structure du dossier :

Build (« *construit* »): ce dossier contient des documents "construits"

config: ce dossier contient la configuration pour app

103

node_modules: ce dossier contient les autres modules avec Vue JS

Src: ce dossier contient la Vue JS App

Package.json: ce document contient lest informations de l'app et la liste des dépendances

Maintenant passons aux dossiers src et vous allez voir quelque chose comme :

(Next page)

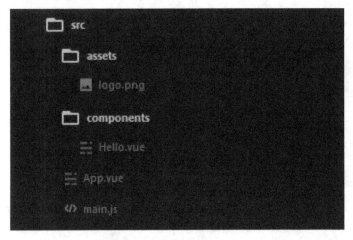

Il y a également ces dossiers dans ce dossier :

Assets

Components

Le dossier *assets* contient les *assets* pour notre application. Images, logos, CSS et documents JS pour notre application.

Le dossier *components* contient tous les *components* pour notre application. Je recommande d'utiliser Vue CLI à l'avenir car vous pourrez facilement réaliser votre application en version HTML.

Le document Main.js est un point d'entrée pour notre application Vue CLI. Dans main.js nous importons tous les *components* VueJS et les présentons. Nous pouvons également définir la configuration Routeur de l'application Vue JS avec le routeur main.js qui va donner :

```
// The Vue build version to load with the `import` command
// (runtime-only or standalone) has been set in
webpack.base.conf with an alias.
import Vue from 'vue';
import { App } from './app';
import router from './router';
import store from './store';

/* eslint-disable no-new */
new Vue({
  el: '#app',
  store,
  router,
```

```
  template: '<App/>',
  components: { App }
});
```

Maintenant poursuivons et ouvrons un document *component* dans src/App.vue ; vous allez pouvoir trouver ce code dans App.vue (You [FIND ?] will this code in App.vue)

```
<template>
  <div id = "app">
    <img src = "./assets/logo.png" >
    <hello> </hello>
  </div>
</template>


<script>
import Hello from './components/Hello'

export default {
  name: 'app',
  components: {
    Hello
  }
}
</script>
```

```
<style>
#app {
  font-family: 'Avenir', Helvetica, Arial, sans-serif;
  -webkit-font-smoothing: antialiased;
  -moz-osx-font-smoothing: grayscale;
  text-align: center;
  color: #2c3e50;
  margin-top: 60px;
}
</style>
```

Une chose à retenir, il y a trois parties dans les components :

Template

Script

Style

Les template contiennent des *view* pour les *components* actuels, le type de *view* que vous voulez presenter pour le *component* actuel. La seconde partie est le *script*, qui contient le *script* du code, le code JavaScript pour le *component* acutel ou pour l'aperçu actuel. Ce code est basé sur Vue JS.

Le dernier est le *style*, qui contient les *styles*. Pas en cours mais pour l'intégralité de la apge. Si nous ajoutons un attribut dont la portée est dans le tag *style*, le CSS dans le tag *style* va être seulement capable d'influencer les *components* actuels.

Maintenant nous avons créé une application Vue JS CLI et nous avons commencé notre application. Maintenant passons à l'exemple dans Vue JS.

Exemples

Dans cette section « *exemples* » nous allons créer quelques exemples en utilisant les *components*. Les exemples sont importants pour apprendre la programmation, et dans cette section nous allons travailler sur des exemples.

Exemple Todo

Dans le premier example nous allons créer une *todo app*. Avant de continuer, installez VueJS et Bootstrap, vous pouvez facilement les lier par :

```
<link rel = "stylesheet" type = "text/css" href = "bootstrap.css">
<script type = "text/javascript" src = "vue.js" > </script>
```

Bootstrap CSS est un framework pour concevoir des supers pages web. Pour réaliser notre application Todo App, nous avons utilisé bootstrap. Vue JS est la Vue Core Library.

Vue App

Créons alors *todo app*. Premièrement nous allons avoir besoin d'un formulaire pour la créer.

```
<form v-on:submit = 'submit' >
  <label> What do you want to do ? </label>
  <textarea required = "required" v-model = 'input' class = "form-control" ></textarea>
  <button v-if = 'editingIndex != null' class = "btn btn-info" > Update </button>
  <button v-else class = "btn btn-info" > Create </button>
</form>
```

Maintenant que nous avons créé le formulaire, passons à Vue app :

```
var App = new Vue({
  el: "#todo_app",
  data: {
    editingIndex: null,
    total_todos: 0,
    input: "",
    todos: [],
  },
  methods: {
    getObject: function (text,completed) {
```

```
    },
    submit: function () {
    },
    edit: function (index) {
    },
    mark: function (index) {
    },
    deleteTodo: function (index) {
    }
  }
});
```

Dans les données, il y a des *input*, todoeditingIndex, total_todos et *todos*. L'input est le modèle dont la valeur est utilisée pour créer todo. Il sert de texte pour todo. total_todos contient un nombre total de todos. editingIndex identifie l'*index* d'un *todo* qui a été édité. *todos* contient tous les items *todo* qui sont sauvegardés. Maintenant passons aux méthodes :

getObject(): cette méthode donne un objet pour *todo*, qui contient le texte de *todo* et complété.

submit() cette méthode fonctionne peu importe quand le formulaire est soumis. Il sauvegarde ou met à jour un *item todo*.

edit() cela va mettre à jour editingIndex

mark() cela va signaller le *todo* séléctionné comme complété

deleteTodo() va supprimer l'item todo

Liste des *Todos*

Pour lister les *todos*, nous aurons besoin de la caractéristique Vue js `v-for` pour boucler à travers le Tableau. On peut lister les *todos* en :

```html
<div class = "list-group" >
 <div class = "list-group-item" v-for = "todo,index in todos" >
  <p> <strong> Task: </strong> {{todo.text}} </p>
  <p v-if = 'todo.completed' > <strong> Completed: </strong> Yes </p>
  <p v-else > <strong> Completed: </strong> No</p>
  <button v-on:click = 'mark(index)' v-if = 'todo.completed' class = "btn btn-info btn-xs" >Mark as Incomplete</button>
  <button v-on:click='mark(index)' v-else class = "btn btn-info btn-xs" > Mark as Complete</button>
  <button v-on:click = 'edit(index)' class = "btn btn-success btn-xs" >Edit </button>
  <button v-on:click = 'deleteTodo(index)' class = "btn btn-danger btn-xs" > delete </button>
 </div>
```

```
</div>
```

App.JS

```
var App = new Vue({
  el: "#todo_app",
  data: {
    editingIndex: null,
    total_todos: 0,
    input: "",
    todos: [],
  },
  methods: {
    getObject: function (text,completed) {
      return function () {
        return {
          text: text,
          completed: completed
        };
      }
    },
    submit: function () {
      if (this.editingIndex === null) {
```

```javascript
      var objc = this.getObject(this.input,false);
      var old = this.todos;
      var n = [...old,objc()];
      this.todos = [];
      this.todos = n;
      this.input = "";
      this.total_todos = this.todos.length;
    }else {
      this.todos[this.editingIndex].text = this.input;
      this.editingIndex = null;
      this.input = "";
    }
  },
edit: function (index) {
  this.editingIndex = index;
  this.input = this.todos[index].text;
},
mark: function (index) {
  var object = this.todos[index];
  if (object.completed) {
    this.todos[index].completed = false;
  }else {
    this.todos[index].completed = true;
```

```javascript
        }
      this.total_todos = this.todos.length;
    },
    deleteTodo: function (index) {
      this.todos.splice(index,1);
      this.total_todos = this.todos.length;
    }
  }
});
```

Index.html

```html
<div id= "todo_app" class = "container" >
  <div class = "navbar navbar-default" >
    <div class = "navbar-header" >
      <a class = "navbar-brand"> Todo App </a>
    </div>
    <div class = "navbar-collapse collapse" >
      <ul class = "navbar-right navbar-nav nav" >
        <li>
          <a href = "#"> {{total_todos}} Todos</a>
        </li>
      </ul>
```

```html
      </div>
    </div>
    <div>
      <div class = "row" >
        <!-- form -->
        <form class = "col-sm-4 col-sm-offset-4" v-on:submit =
'submit' >
          <h3> Create Todo </h3>
          <div class = "form-group">
            <label> What do you want to do ? </label>
            <textarea required = "required" v-model = 'input' class =
"form-control" ></textarea>
          </div>


          <button v-if = 'editingIndex != null' class = "btn btn-info"
> Update </button>
          <button v-else class = "btn btn-info" > Create </button>
          <br />
          <br />
          <legend> </legend>
        </form>
        <!-- form -->
        <div class = "cols-m-12" >
```

```html
<div class = "col-sm-4 col-sm-offset-4" >
  <div v-if = 'total_todos == 0' >
    <div class = "alert alert-info" >
    No Todos
    </div>
  </div>
  <div class = "list-group" >
    <div class = "list-group-item" v-for = "todo,index in todos" >
        <p>
            <strong> Task: </strong> {{ todo.text }}
        </p>
        <p v-if = 'todo.completed' ><strong> Completed :</strong> Yes</p>
        <p v-else > <strong> Completed: </strong> No</p>
        <button v-on:click ='mark(index)' v-if = 'todo.completed' class = "btn btn-info btn-xs" >Mark as Incomplete</button>
        <button v-on:click = 'mark(index)' v-else class = "btn btn-info btn-xs" >Mark as Complete</button>
        <button v-on:click = 'edit(index)' class = "btn btn-success btn-xs" >
        Edit
```

```
    </button>
    <button v-on:click = 'deleteTodo(index)' class = " btn
btn-danger btn-xs" >delete</button>
    </div>
    </div>
   </div>
   </div>
  </div>
 </div>
</div>
```

Vous pouvez consulter l'exemple ici
(http://www.wapgee.com/story/235/creating-todo-app-in-vue-
js-with-bootstrap). Il s'agit d'un exemple qui marche amplement.
Maintenant passons à l'exemple suivant.

Exemple 2

Dans cet exemple, nous allons créer un exemple dans la version
CLI. Donc dans cet exemple, nous allons créer une application
chat en utilisant un système de *components* simple.

Mettons en place notre application chat, maintenant vous avez
besoin d'installer bootstrap dans votre application, bootstrap est

aussi conçu pour Vue JS, et vous devez également installer bootstrap dans Vue JS :

npm install --save bootstrap-vue

Ça va installer bootstrap dans votre Vue JS. Comme nous l'avons dit plus haut sur main.js, qui est notre point d'entrée pour notre application, nous pouvons inclure bootstrap sur main.js qui est notre point d'entrée pour notre application. Votre document main.js devrait ressembler à cela :

```
import Vue from 'vue'
import App from './App'
import BootstrapVue from 'bootstrap-vue';

Vue.use(BootstrapVue)

import 'bootstrap/dist/css/bootstrap.css'
import 'bootstrap-vue/dist/bootstrap-vue.css'

Vue.config.productionTip = false

/* eslint-disable no-new */
new Vue({
```

el: '#app',

render: h => h(App)

})

Dans ce document nous avons utilisé Bootstrap dans notre Vue Application. Maintenant poursuivons vers notre application chat. Nous allons créer un exemple qui ressemble à cela :

Welcome to Chat Application

Chat List

Hello, how are you?	X
Hello, I'm fine.	X
I love You	X
I love You too	X
asdasadasd	X

Total Messages: 5

Avant de commencer avec notre application nous allons avoir beosin des *components* suivants dans notre Vue JS App :

Liste chat. Contient une liste de tous les messages.

Formulaire chat. Contient un formulaire pour les messages envoyés.

Continuons et créons notre premier *component* App, App.vue. Ce document sera dans le dossier src. Avec ce contenu :

119

```vue
<template>
  <div id="app">
    <div class="app-header" >
      <h1>Welcome to Chat Application</h1>
    </div>
    <div id="app-container" >
      <chatlist :chats="messages" ></chatlist>
      <hr></hr>
      <chatform :isEmptyText="isMessageEmpty"
:save="save"></chatform>
    </div>
  </div>
</template>

<script>
import chatlist from "./components/chat/chatlist"
import chatform from './components/chat/Form'
export default {
  name: 'app',
  components: {
    chatlist,
    chatform
```

```
  },
  data: function () {
    return {
      isMessageEmpty: false,
      messages: [
        {text: "Hello, how are you?"},
        {text: "Hello, I'm fine."},
        {text: "I love You"},
        {text: "I love You too"},
      ]
    }
  },

  methods: {
    save: function (message) {
      if (message) {
        this.messages.push({text: message});
      }else {
        this.isMessageEmpty = true;
      }
    }
  }
}
```

```
</script>

<style scope >
 .app-header {
   text-align: center;;
 }
 #app-container {
   padding: 50px;
 }
</style>
```

C'est notre base principale pour notre application chat qui contient des méthodes/une fonction et des données pour notre application. Vous pouvez voir les méthodes dans la propriété des méthodes :

Sauvegarder

Cela va sauvegarder l'exemple de chat. Maintenant passons à l'objet des données. Il y a seulement deux items. Le premier est isMessageisempty. Le second est messages. isMessageisempty : il surveille si l'espace du texte est vide et si les messages contiennent tous les messages qui sont stockés par le visiteur.

Maintenant passons à nos *child components*, le premier étant la liste de chat. La liste de chat contient toute la liste de chat envoyée par l'utilisateur. Donc notre contenu va ressembler à : (on se souvient que ce document va être dans src/components/chat/)

```
<template>
  <div>
    <h1>Chat List</h1>
    <b-list-group>
      <b-list-group-item key="index" v-for="m,index in chats"
>
        <messagetext :text="m.text" ></messagetext>
        <a class="close" v-on:click="removeMsg(index)">x</a>
      </b-list-group-item>
      <div v-if="chats.length==0">
        <div class="alert alert-info">
          No Messages
        </div>
      </div>
      <div v-else class="total">
        <p><strong>Total Messages: <span><b-
badge>{{chats.length}}</b-badge></span></strong></p>
```

123

```
      </div>
    </b-list-group>
  </div>
</template>

<script>
  import messagetext from './MessageText'
  export default {
    name: "chatlist",
    props: ['chats'],
    components: {
      messagetext
    },
    methods:{
      removeMsg:function (index) {
        this.chats.splice(index,1);
      }
    }
  }
</script>

<style>
  .close{
```

```
    position: absolute;

    top: 8px;

    right: 10px;

}

.total{

    text-align: right;

}

p{

    color: #777;

}
```

</style>

Dans le *template*, nous avons listé tous les chats envoyés par l'utilisateur. Ce *component* va s'attendre à retrouver les *props* suivants :

Chatlist

La chatlist va contenir toute la liste de chat qui est envoyée depuis App.vue.

Dans ce *component* nous avons importé un *component* appelé messagetext, un messagetext est un *child component*, allons plus loin et créons ce component :

Le component devrait être src/components/chat/

```
<template>
   <span>
      {{text}}
      {{date}}
   </span>
</template>

<script>
   export default {
      name: "messagetext",
      props: ['text', 'date']
   }
</script>

<style>
</style>
```

Ce *component* s'attend à des *props* qui sont du texte et des dates. Le texte pour les messages et la date pour l'heure à laquelle le message est créé. Cela signifie la date créée.

Maintenant revenons au *component* de la liste de messages. Vous allez trouver une méthode appelée removeMsg qui va supprimer le message de l'application. Par l'uilisation de la méthode *splice*.

Maintenant passons au Formulaire, c'est le formulaire pour notre application chat :

```
<template>
  <div>
    <div>
      <b-form-input v-on:input="alert(1)" v-model="text"
type="text" placeholder="Enter message..."
      ></b-form-input>
      <div>
        <b-badge pill
variant="success">{{text.length}}/30</b-badge>
      </div>
      <button v-on:click="validateInput" class="btn btn-
primary" >Send Message</button>
```

```
      </div>
      <div v-if="isEmptyText" >
        <b-alert variant="danger" show>
          Please enter a message
        </b-alert>
      </div>
    </div>
</template>

<script>
  export default {
    name: "chatform",
    props: ['save','isEmptyText'],
    data: function () {
      return {
        text: ""
      }
    },
    methods: {
      validateInput: function () {
        this.save(this.text);
        if (!this.isEmptyText) {
          this.text = "";
```

```
                }
            }
        }
    }
</script>

<style>
    .form-control{
        border-radius: 0;
    }
    .btn{border-radius: 0;
        margin-top: 10px;}
</style>
```

Ce *component* est construit pour le formulaire chat. Le formulaire
chat va etre nécessaire pour créer des messages. Voici les
différentes méthodes dans le formulaire :

validateInput

Cette méthode vérifie si *save* fonctionne, puis définit le texte sur
null afin de ne pas détruire l'expérience utilisateur. La zone de
texte doit être vide lorsque quelqu'un envoie un message. Revenez

en arrière et lisez le code et chaque ligne. Rien n'est plus difficile.
Nous avons tout ce que nous avons appris plus tôt dans ce guide.

Maintenant faites fonctionner cette application en exécutant :

npm run dev

Cela va démarer le serveur de notre application sur
http://localhost:8080
Dans la configuration (*startup*) vous allez voir quelque chose
comme :

Welcome to Chat Application

Chat List

Hello, how are you?	X
Hello, I'm fine.	X
I love You	X
I love You too	X
asdasdasd	X

Total Messages: 5

Nous avons utilisé les *components* bootstrap pour notre application.
Vous devrez installer bootstrap vue pour rendre notre application
agréable.

Maintenant changeons pour un petit exemple appelé *"construction d'un système 'like' dans Vue JS »* (*building a like system in Vue JS*). C'est notre troisième exemple dans lequel nous allons créer un exemple.

Incluons ces bibliothèques dans un premier temps :

Bootstrap

```
<link href =
"https://maxcdn.bootstrapcdn.com/bootstrap/3.3.6/css/bootstrap.min.css" rel = "stylesheet" type = "text/css"  >
```

VueJS

```
<script src = "https://unpkg.com/vue@2.1.3/dist/vue.min.js" >
</script>
```

Create the basic app and call like component with prop likes (The initial count):

```
<div id="app" >
```

```
    <h1>{{message}}</h1>
    <like likes="0" ></like>
    <like likes="0" ></like>
    <like likes="0" ></like>
    <like likes="0" ></like>
    <like likes="0" ></like>
    <like likes="0" ></like>
    <like likes="0" ></like>
</div>
```

```
var app = new Vue({
    el: "#app",
    data: {
        message: "Like System"
    }
});
```

Comme le bouton *component* sur la même page (voir plus ici) :

```
<div style = "display: none;" >

  <template id = "like-template" >
    <div>
```

```
      <button class = "btn btn-info" v-on:click = "count()" > Like
{{ likes }}</button>
    </div>
  </template>
</div>


Vue.component("like",{
  template : "#like-template",
  props : ["likes"],
  data: function () {
    return {
      likes: 0
    };
  },
  methods: {
    count: function () {
      var a = parseInt(this.likes) + 1;
      this.likes = a;
    }
  }
});
```

Dans le template. L'événement `v-on:click` est joint au bouton. Quand quelqu'un clique sur le bouton, la fonction `count()` va marcher et va ajouter 1 aux likes actuels. Voici la démo complète :

Markup final:

```
<div id="app" >
  <h1>{{message}}</h1>
  <like likes="0" ></like>
  <like likes="0" ></like>
  <like likes="0" ></like>
  <like likes="0" ></like>
  <like likes="0" ></like>
  <like likes="0" ></like>
<like likes="0" ></like>

</div>
<div style="display: none;" >

  <template id="like-template" >
   <div>
    <button class="btn btn-info" v-on:click="count()" >Like {{ likes }}</button>
   </div>
```

```
  </template>
</div>

Vue.component("like",{
  template : "#like-template",
  props : ["likes"],
  data: function () {
    return {
      likes: 0
    };
  },
  methods: {
    count: function () {
      var a = parseInt(this.likes) + 1;
      this.likes = a;
    }
  }
});
var app = new Vue({
  el: "#app",
  data: {
    message: "Like System"
  }
```

```
});
```

Vous pouvez completer la demo et l'article d'ici.

Chapitre de conclusion

Dans ce chapitre, nous avons appris comment installer la version Vue JS CLI et créé trois exemples. Dans ce chapitre, nous avons appris comment créer Vue JS App en se basant respectivement sur CLI et Vue JS CDN.

Voici quelques questions sur Vue JS.

Quelle est la difference entre Vue JS et React JS ?

Quelle est la difference entre Vue JS CLI et Vue JS CDN ?

Quelle est la difference entre Vue JS et React JS ?

Réponse : Vue JS et React JS sont des bibliothèques basées sur View, dont l'usage est différent. Nous devons inclure à react et react-dom pour réaliser React, mais dans vue js nous devons inclure seulement Vue JS pour le faire fonctionner. Ils sont quelque part différents mais aussi d'un autre sens similaires. Mais Vue JS est facile à comprendre ⬆et metre en place dans toute application web.

Quelle est la difference entre Vue JS CLI et Vue JS CDN ? L'usage est différent mais ils fonctionnent de la même manière. Vue JS CLI est utilise dans Node JS. Vue JS en ce qu'il est basé sur CDN est utilisé pour inclure Vue JS facilement et vous pouvez utiliser Vue JS dans toute application en utilisant juste CDN. Vous pouvez trouver VUE JS dans le lien ci-après :

```
<script src = "https://unpkg.com/vue@2.1.3/dist/vue.min.js" >
</script>
```

Passons au chapitre 8

Chapitre 8

Guide pour Awsome Vue et Vue Automation

Jusqu'à present nous avons tout appris de Vue JS et vous devriez savoir comment concevoir des applications Vue JS (*apps*) dans un délai moyen. Nous avons traité beaucoup de sujets importants Vue JS. Dans Vue JS nous pouvons cecevoir des applications plus larges pour résoudre les problèmes, à l'échelle mondiale. Vue JS est soutenu par des petites équipes de bons développeurs JavaScript. Et Vue JS fait concurrence aux framework importants comme ReactJS et Angular JS. Dans ce chapitre, nous allons apprendre à travailler avec *Awsome Vue*.

En fait, le *Awsome Vue* n'est pas une bibliothèque, il contient une liste de toutes les bibliothques pour Vue JS qu'il est possible d'utiliser pour Vue JS. Dans ce chapitre nous pourront mettre en place trois (3) ressources ou bibliothèques dans notre application Vue JS. Maintenant allons plus loin et créons une nouvelle applicatoin Vue JS CLI. Votre écran devrais ressembler à cela en premier lieu :

Welcome to Your Vue.js App

Essential Links

Ecosystem

Après l'installation de Vue JS CLI, votre application devrait ressembler à ce qui est avant. Cela veut dire que vous avez installé votre Vue JS CLI. Dans le premier exemple nous allons installer le bootstrap quatre 4 et vous pourrez trouver ici le bootstrap. Bootstrap est une bibliothèque très populaire. Bootstrap est aussi disponible pour Vue JS, nous pouvons installer bootstrap dans notre application Vue JS :

npm install --save bootstrap-vue

Alors cela va installer Vue bootstrap dans notre application Vue JS et nous pourrons importer Bootstrat :

import BootstrapVue from 'bootstralp-vue';

140

```
Vue.use(BootstrapVue);
```

Cela va importer bootstrap et définir le bootstrap en action par l'uilisation de fonction. Commençons avec un bouton, comment créer un bouton ? C'est simple. Maintenant allons plus loin dans App.vue, ajoutons-lui un bouton :

Jusqu'à present nous avons importé Bootstrap et nous devons importer bootstrap dans notre application, nous pouvons importer bootstrap:

```
import 'bootstrap/dist/css/bootstrap.css'
import 'bootstrap-vue/dist/bootstrap-vue.css'
```

Cela va importer bootstrap-vue et bootstrap dans notre application, maintenant allons plus loin et mettons à jour le document App.vue et ajoutons un bouton à notre application, vous pouvez ajouter un bouton à notre application :

```
<b-button variant="info">
  Button Info
</b-button>
```

Alors votre App.vue devrait ressembler à cela :

```
<template>
  <div id="app">
    <h1>Vue</h1>
<b-button variant="info">
 Button Info
</b-button>
  </div>
</template>


<script>
import Hello from './components/Hello'


export default {
  name: 'app',
  components: {
   Hello
 }
}
</script>


<style>
```

```
#app {
  padding: 40px;
  text-align: center;
}
</style>
```

On va trouver quelque chose comme :

Vue

Nous avons ajouté un bouton à notre application. Maintenant allons plus loin et ajoutons quelques autres exemples. Vous pouvez trouver tous les exemples sur cette page : https://bootstrap-vue.js.org/docs/components/alert/ Tous les *components* commencent par une alerte donc vous pouvez vérifier sur la barre latérale pour voir tous les components. Maintenant allons plus loin et ajoutons une alerte après le bouton :

```
<b-alert variant = "danger" dismissible show = "true" >
 Oops! Something went wrong on our side.
</b-alert>
```

La variante montre le type d'alerte. Danger, info, success et warning. Votre app.vue devrait ressembelr à cela :

```
<template>
  <div id="app">
    <h1>Vue</h1>
    <b-button variant="info">
     Button Info
    </b-button>
    <br />
    <br />
    <b-alert variant="danger" dismissible show="true" >
     Oops! Something went wrong on our side.
    </b-alert>
  </div>
</template>

<script>
import Hello from './components/Hello'

export default {
  name: 'app',
```

```
  components: {
    Hello
  }
}
</script>

<style>
#app {
  padding: 40px;
}
</style>
```

Votre application devrait ressembler à :

Nous avons ajouté une alerte à notre application. Maintenant changeons et ajoutons un autre package à notre Vue Application. Nous allons ajouter un *font awesome* à notre Vue Application. Qu'est-ce qu'un *font awsome* ?

Le *font awesome* est une bibliothèque d'icônes. Cette bibliothèque comprend plus de 300 incônes avec des grandes lignes de soutien. *Font Awesome* est une bibliothèque très connue pour créer des sites internet avec des supports Icônes. Dans cette section, nous allons installer *font awsome* pour Vue JS et nous allons l'utiliser dans notre Vue JS Application. Maintenant installons Vue Front Awesome :

```
npm install vue-awesome
```

Cela va installer font awesome pour Vue JS dans notre application. Après l'installation, allez à main.js et imporez les icônes :

```
import 'vue-awesome/icons'
import Icon from 'vue-awesome/components/Icon'
Vue.component('icon', Icon)
```

Cela va attribuer un icône component et nous pourrons utiliser l'icône :

```
<icon name="flag"></icon>
```

Maintenant allez sur App.vue et ajoutez une icône dans le template :

```
<p>
Go and find a <icon name="flag"></icon> In your home
</p>
```

Une icône va s'ajouter dans notre application. Si tout fonctionne bien vous verrez quelque chose comme :

Go and find a ⚑ In your home

Votre App.vue devrait ressembler à ça :

```
<template>
 <div id="app" >
  <h1>Vue</h1>
  <b-button variant = "info" >
   Button Info
  </b-button>
  <br />
  <br />
  <p>
   Go and find a <icon name = "flag" > </icon> in your home
  </p>
  <br />
  <br />
```

```html
  <b-alert variant = "danger" dismissible show = "true" >
    Oops! Something went wrong on our side.
  </b-alert>
 </div>
</template>

<script>
import Hello from './components/Hello'

export default {
  name: 'app',
  components: {
   Hello
  }
}
</script>

<style>
#app {
  padding: 40px;
}
</style>
```

Maintenant passons à d'autres options pour le *component* icône :

Scale :

<icon name="language" scale="3"></icon>

Ça va donner :

Spin :

<icon name="refresh" spin scale="3" ></icon>

Ça va créer une icône en mouvance :

C'est la raison pour laquelle nous avons et nous utilisons des icônes dans notre Vue JS app. Passons à Vue JS automation.

Vue JS automation

Le test automatique est important dans toutes les applications. Les Apps doivent être testées ells-mêmes pendant que l'application est en marche. Pour les tests automatiques nous allons utiliser TestCafe pour cette tâche. Pour commencer avec le test Café vous devez installer Test Café en suivant les instructions :

```
npm install -g testcafe
```

Test café va être installé dans votre application.

Créer un Test

TestCafe vous rend capable de composer des tests en utilisant TypeScript ou JavaScript (avec ses points forts comme async/anticipate). En utilisant TypeScript pour composer vos tests TestCafe, vous obtenez les avantages des dialectes spécifiques, par exemple, l'aide au *rich coding*, l'adaptabilité sans effort, l'enregistrement, la confirmation du code, et bien plus encore.

Pour créer un test vous avez besoin de créer un document JS n'importe où.

Test Import :

```
import { Selector } from 'testcafe';
```

Déclarer un équipement

fixture `Getting Started`

Dans cet exercice, vous allez faire un test pour la page de test
http://devexpress.github.io/testcafe/illustration.
Déterminez cette page comme une page de commencement pour
l'installation en utilisant le travail de la page.

fixture `Getting Started`
    .page `http://devexpress.github.io/testcafe/example`;

Créez une fonction test

```
import { Selector } from 'testcafe';

fixture `Getting Started`
    .page `http://devexpress.github.io/testcafe/example`;

test('My first test', async t => {
    // Test code
});
```

Faire fonctionner le test

Alors vous pouvez faire fonctionner le test :

testcafe chrome test1.js

Un moteur de recherche va s'ouvrir automatiquement et commencer à exécuter un test.

Fonctionnement d'un test dans VueJS

Au sein de cette section nous allons apprendre comment faire fonctionner un test dans Vue JS.

Les tests de bout en bout sont parmi les plus importants de votre arsenal de tests, vous permettant d'imiter ce que ferait votre client lors de son déplacement dans votre application et de décider si votre application réagit correctement à cette situation.

De manière surprenante, il est également remarquable que parmi les techniques de test les plus fastidieuses, et les appareils typiques de tests en tant que tels, il soit nécessaire de réaliser une mesure d'arrangement et de configuration juste, en plus de convoluer la procédure.

Reconnaissons cependant qu'il existe des arrangements généralement simples. Ici, nous allons présenter l'un d'entre eux, le TestCafe, et vous montrer les méthodes appropriées pour effectuer des tests de bout en bout avec votre application Vue.js (vous pouvez utiliser ces techniques avec n'importe quelle structure ou site).

Installation

A la différence des arrangements conventionnels qui pour la plupart comprennent des mesures de conditions qui ne sont pas ménageables, par exemple Selenium/WebDriver + Browser Drivers + Client Libraries, l'intégralité du TestCafe est basé sur un hub et installable dans un *bundle*. C'est come un instrument sans conception (*zero-design instrument*). Les alternatives requises sont sont passées à travers la ligne commune. Tout bien considéré, il est préférable d'utiliser le contenu NPM.

Pour commencer à l'utiliser dans votre Vue application, il faut introduire un testcafe aux moyens de Yarn ou NPM. Vous pouvez de plus considérer l'utilisation de la disposition vuepack pour vue-cli dans le cas où vous êtes en train de commencer un autre projet.

```
# Yarn
$ yarn add testcafe -D


# NPM
$ npm install testcafe --save-dev
```

Configuration (*setup*):

Il est accepté ici que votre application contient un serveur d'amélioration qui peut continuer de fonctionner avec npm run dev. webpack-dev-server.

Ajoutez un autre contenu pour vos contenus package.json qui commencent le testcafe.

```
"scripts": {
  "dev": "...",
  "test": "testcafe all tests/*.test.js --app \"npm run dev\" --app-init-delay 10000 -S -s screenshots",
}
```

Votre premier test

Nous devrions accepter rien qu'une minute que l'intégralité de votre application soit juste un *component* de passage à l'intérieur du

\<body\> contenant les mots « Hello World! ». Voici la manière dont nous garantissons que c'est sans aucun doute le cas :

```
// A ficture must be declared.
fixture(`Index page`)
  // load url for development server
  .page('http://localhost:8080');

// new test
test('Body > Paragraph contains "Hello World!"', async
testController => {
  // select a content
  const paragraphSelector = await new Selector('body > p');

  // Assert that the inner text of the paragraph is "Hello World!"
  await
testController.expect(paragraphSelector.innerText).eql('Hello
World!');
});
```

Controle de l'input utilisateur

Actuellement, pour effectuer des tests semi-conventionnels de bout en bout, vous devez avoir la capacité d'imiter les activités et les informations des clients. Comme toute grand *testing suite*, TestCafe donne les stratégies vitales pour faire face à ce cas d'utilisation.

```
test('Typing in an input', async testController => {
  // select input
  const inputSelector = await new Selector('body >
input[type="text"]');

  await testController
    .typeText(inputSelector, 'World!')
    .click(inputSelector, { caretPos: 0 })
    .keyPress('H e l l o space')
    .expect(inputSelector.value).eql('Hello World!');
});
```

Maintenant nous avons mis en place un test en temps reel pour notre Vue JS.

Voici une question que vous pouvez vous poser.

Quelles autres bibliothèques connaissez-vous ?

Réponse : Dans le cas où vous ne connaissez pas les
bibliothèques, voici les bibliothèques JavaScript :

Jasmine

Qunit

Mocha

Buster.js

YUI Test

Nous avons complété notre chapitre 8 et nous avons appris
comment utiliser les packages dans notre application Vue JS.
Dans le chapitre qui suit, nous alons apprendre comment utiliser
Vue JS avec d'autres frameworks. Dans ce chapitre, nous allons
mettre en place Vue JS avec React JS.

Chapitre 9

Intégrer avec des framework externes

Nous avons appris toutes les choses basiques de Vue JS et
compris comment faire des tests automatiques avec Vue JS. Dans
ce chapitre nous allons utiliser Vue JS avec React JS. Laissez-moi
vous parler de React JS :

Quelquefois React (ou React JS, peu importe), c'est React s.
ReactJS est une bibliothèque JavaScript pour créer des interfaces
utilisateur (*User Interfaces*). React fût d'abord créé par Jordan
Walke, un ingénieur logiciel facebook. React a été déployé sur le
fil d'actualité facebook en 2011, puis plus tard en 2012, développé
sur Instagram. Il permet aux développeurs de créer des
applications à grande échelle. React est actuellement déployé sur
Netflix, Facebook, Instagram, Airbnb, Wallmart, et Imgur.
Initialement, ReactKS n'était pas disponible en open source. En
mai 2013, React est devenu disponible en open source. Son but
principal est de permettre aux développeurs de créer des
applications web qui soient rapides, simples et évolutives. Voici
quelques raisons de choisir ReactJS

One-way data flow.

Virtual Dom.

JSX.

Expressions JavaScript.

Routing.

Créons un exemple dans React et Vue JS. Dans l'exemple, nous allons créer des boutons pour Vue JS et React JS, qui vont donner une alerte avec la valeur 1.

Premièrement vous devez inclure React, ReactDOM et Vue JS. Vous pouvez trouver React, ReactDOM et Vue JS parmi les liens suivants :

https://unpkg.com/vue@2.4.2/dist/vue.js
https://cdnjs.cloudflare.com/ajax/libs/react/15.3.1/react.min.js
https://cdnjs.cloudflare.com/ajax/libs/react/15.3.1/react-dom.min.js
https://cdnjs.cloudflare.com/ajax/libs/babel-core/5.8.24/browser.js

Maintenant vous pouvez inclure ces bibliothèques et créer une application :

```html
<html>
  <head>
    <title>Welcome to my App</title>
  </head>
  <body>
    <p>
      Welcome to App
    </p>
    <div id="react-app" >

    </div>
    <div id="vue-app">
      Hello my name is {{name}}
    </div>
  </body>
  <script type="text/javascript"
src="https://cdnjs.cloudflare.com/ajax/libs/babel-core/5.8.24/browser.js" ></script>
  <script type="text/javascript" src="react.js" ></script>
  <script type="text/javascript" src="reactdom.js" ></script>
```

```html
<script type="text/javascript" src="vue.js" ></script>
<script type="text/javascript">
  // vue
  new Vue({
    el: "#vue-app",
    data: {
      name: "John Doe"
    }
  })
</script>
<script type="text/babel">
  var Hello = React.createClass({
    render: function() {
      return (
      <div>
        <h1>Hello World</h1>
        <p>This is some text</p>
      </div>
      )
    }
  });
```

```
ReactDOM.render(
<Hello name="World" />,
document.getElementById('react-app')
);
</script>
</html>
```

C'est votre application et nous avons inclus React, ReactDOM et Vue JS dans notre application. Si ça fonctionne, alors cela signifie que nous avons intégré des frameworks externes. Maintenant ajoutons des boutons pour créer une alerte sur chacune des bibliothèques. Après avoir ajouté les boutons, les codes vont ressembler à :

```
<html>
  <head>
    <title>Welcome to my App</title>
  </head>
  <body>
    <p>
      Welcome to App
    </p>
    <div id="react-app" >
```

```html
    </div>
    <div id="vue-app">
      Hello my name is {{name}}

        <button v-on:click="alert" >Click Me</button>
    </div>
  </body>
<script type="text/javascript"
src="https://cdnjs.cloudflare.com/ajax/libs/babel-
core/5.8.24/browser.js" ></script>
    <script type="text/javascript" src="react.js" ></script>
    <script type="text/javascript" src="reactdom.js" ></script>


    <script type="text/javascript" src="vue.js" ></script>
    <script type="text/javascript">
      // vue
      new Vue({
        el: "#vue-app",
        data: {
          name: "John Doe"
        },
        methods: {
```

```
        alert: function () {
            alert(1);
        }
    }
})
</script>
<script type="text/babel">
    var Hello = React.createClass({
        alert: function () {
            alert(1);
        },
        render: function() {
            return (
            <div>
                <h1>Hello World</h1>
                <p>This is some text</p>
                <button onClick={this.alert} >Click Me</button>
            </div>
            )
        }
    });


    ReactDOM.render(
```

```
    <Hello name="World" />,
    document.getElementById('react-app')
    );
  </script>
</html>
```

Vous pouvez voir dans chacune des applications que j'ai donné des fonctions aux boutons et dans les fonctions j'ai créé une alerte avec la valeur 1. Si tout fonctionne bien, vous allez avoir quelque chose comme :

PTO

Welcome to App

Hello World

This is some text

Click Me
Hello my name is John Doe Click Me

Après avoir cliqué sur chacun des boutons vous allez voir une alerte.

Comme nous avons terminé notre chapitre, voici quelques questions.

Comment metre en place jQuery avec ces deux bibliothèques ?

Comment metre en palce Backbone dans ce projet ?

Comment metre en place jQuery avec ces deux bibliothèques ?

jQuery est rapide, petit, et montre la richesse de la bibliothèque JavaScript.

It makes things like HTML archive traversal and control, occasion taking care of, activity, and Ajax considerably more straightforward with a simple to-utilize API that works over a large number of programs.

Comme nous avons inclu différentes bibliothèques, vous pouvez inclure jQuery :

```
<script type="text/javascript" src="jquery.js" ></script>
```

Puis vous pouvez maintenant écrire le code jQuery.

167

Comment metre en palce Backbone dans ce projet ?

Comme nous l'avons fait pour jQuery, nous devons inclure Backbone - qu'est-ce que backbone ? Backbone.js donne une structure aux applications web en donnant des modèles avec des valeurs clefs de liaisons et des événements personnalisés, collections avec un *rich* API de fonctions enumérables, des *views* avec traitement de *dedeclarative event*, et connecte à l'API existant sur une interface RESTful JSON.

Nous pouvons inclure backbone à notre application puis nous pouvons la démarrer.